BEI GRIN MACHT SICH IHR WISSEN BEZAHLT

- Wir veröffentlichen Ihre Hausarbeit, Bachelor- und Masterarbeit

- Ihr eigenes eBook und Buch - weltweit in allen wichtigen Shops

- Verdienen Sie an jedem Verkauf

Jetzt bei www.GRIN.com hochladen und kostenlos publizieren

Personal- und Organisationspsychologie. Arbeitswelten und Organisationen im Wandel

GRIN ☺

Bibliografische Information der Deutschen Nationalbibliothek:

Die Deutsche Nationalbibliothek verzeichnet diese Publikation in der Deutschen Nationalbibliografie; detaillierte bibliografische Daten sind im Internet über http://dnb.d-nb.de abrufbar.

ISBN: 9783346370792
Dieses Buch ist auch als E-Book erhältlich.

© GRIN Publishing GmbH
Nymphenburger Straße 86
80636 München

Alle Rechte vorbehalten

Druck und Bindung: Books on Demand GmbH, Norderstedt Germany
Gedruckt auf säurefreiem Papier aus verantwortungsvollen Quellen

Das vorliegende Werk wurde sorgfältig erarbeitet. Dennoch übernehmen Autoren und Verlag für die Richtigkeit von Angaben, Hinweisen, Links und Ratschlägen sowie eventuelle Druckfehler keine Haftung.

Das Buch bei GRIN: https://www.grin.com/document/998938

Einsendeaufgabe

Personal- und Organisationspsychologie – Teilaufgabe A

Arbeitswelten und Organisationen im Wandel

Abgegeben am: 23.02.2020

SRH Fernhochschule

Modul: Rahmenbedingungen der Personal- und Organisationspsychologie

Studiengang: Wirtschaftspsychologie (B.Sc.)

Inhaltsverzeichnis

Abkürzungsverzeichnis

bzw.   beziehungsweise

o.D.   ohne Datum

S.   Seite

z.B.   zum Beispiel

Abbildungsverzeichnis

4

Vermerk

In dieser Arbeit wird aus Gründen der besseren Lesbarkeit das generische Maskulinum verwendet. Weibliche und anderweitige Geschlechteridentitäten werden dabei ausdrücklich mitgemeint, soweit es für die Aussage erforderlich ist.

1:   Arbeitswelten und Organisationen im Wandel

Der Arbeitsmarkt und generell die Arbeitswelt befindet sich in einem ständigen Veränderungsprozess. Dieser Zustand des permanenten Wandels ist kein Spezifikum der heutigen Zeit, dennoch haben sich die Dynamik und der Umfang der Auswirkungen gesteigert (Wiendieck, 2008, S. 13). Die voranschreitende Globalisierung und Internationalisierung erlaubt einen immer grenzenloseren Austausch von Gütern, Dienstleistungen, Geld, Wissen und Fähigkeiten (Höffe, 1999, S. 22). Unterstützt und beschleunigt wird dieser Prozess, durch die voranschreitende Digitalisierung und die damit einhergehende Vernetzung. Organisationen sehen sich mit Situationen konfrontiert, in denen sie schneller und flexibler auf Marktgeschehnisse reagieren müssen, um weiterhin erfolgreich zu sein (Fisch, Beck & Müller, 2008, S. 13; Schwahn, Mai & Braig, 2018, S. 24; Statistisches Bundesamt Globalisierungsindikatoren, o.D.).

Im Folgenden sollen die Konsequenzen der Flexibilisierung und Liberalisierung des Arbeitsmarktes für Arbeitnehmer und Arbeitgeber näher erläutert werden.

1.   Konsequenzen der Liberalisierung und Flexibilisierung für Arbeitgeber und Arbeitnehmer

Die Liberalisierung und Flexibilisierung der Arbeit bergen, sowohl für Arbeitnehmer als auch für Arbeitgeber, verschiedenste Formen der Veränderung und verschiedenste Arten von positiven, wie negativen Konsequenzen. Unter der Liberalisierung des Arbeitsmarktes wird der Abbau von gesetzlichen Vorschriften und Eingriffen verstanden. Dies kann beispielsweise die Öffnung der Märkte gegenüber anderen Ländern, die Privatisierung von staatlichen Unternehmen und den Abbau von Marktschranken, wie Zöllen bedeuten (Bundeszentrale für politische Bildung, o.D.). Die grundlegende Idee der wirtschaftlichen Liberalisierung besteht darin, dass der Markt immer die beste Lösung hervorbringt und somit nicht reguliert werden sollte.

In Deutschland hat diese Reform der Liberalisierung unter anderem bei der Privatisierung der Deutschen Post stattgefunden. Vor allem gewerkschaftliche Kreise sehen die fortschreitende wirtschaftliche Liberalisierung kritisch, da ihrer Meinung nach, die Rechte des Arbeitnehmers zu Gunsten der gewinnmaximierenden privaten Unternehmen untergraben werden (Brandt & Schulten, 2008, S. 80, 81).

Im Zusammenhang von Liberalisierung und deren Folgen wird in der Literatur von der „Entgrenzung der Arbeit" gesprochen; was den sozialen Prozess der zeitlichen, räumlichen und sachliche Strukturauflösung der Erwerbsarbeit darstellt (Voss, 1998, S. 474). Ein entscheidender Aspekt der Entgrenzung (dem Auflösen von Grenzen und etablierten Strukturen) ist die Flexibilisierung, ausgelöst durch den steigenden Marktdruck durch einen dynamischeren und verschärften Wettbewerb, die technologische Innovation und den strukturellen gesellschaftlichen Wandel (Böhnisch, Lenz & Schröer 2009, S. 70 - 75; Voß, 1998, S. 473, 474). Als Konsequenz daraus sind unter anderem neue Arbeitszeitmodelle (z.B. Teilzeit, Gleitzeit), flexiblere Arbeitsorte (z.B. Homeoffice) und neue Anforderungen an die fachliche Flexibilität entstanden. Generell lässt sich festhalten, dass es sich um eine „(…) tendenzielle Abkehr von tayloristisch-fordistischen Betriebsstrategien, die auf eine möglichst detaillierte und standardisierte Strukturierung von Arbeitsverhältnissen abzielten" handelt (Voß, 1998, S. 474).

Die Folgen der Liberalisierung des Arbeitsmarktes sind sehr ambivalent und weitreichend, weswegen aus Gründen des Umfanges hier nur einige Beispiele dargestellt werden sollen. Zum Beispiel bietet der Prozess der Entgrenzung die Möglichkeit die berufliche Biografie und Lebensentwürfe weitgehend selbstbestimmt zu gestalten, birgt aber auch den Zwang dies eigenverantwortlich zu tun, was andererseits unter Anderem den zeitlichen und sozialen Druck und Verunsicherung erhöhen kann (Voß & Weiss 2013, S. 30 - 36; Wiendieck, 2008, 13). Der Soziologe Voß beschreibt dies folgendermaßen: „(…) die Entgrenzung von Arbeitsverhältnissen bedeutet sowohl einen (vielleicht begrüßten) Abbau von potentiell immer behindernden Beschränkungen, als auch eine (potentiell problematische) Zerstörung von bisher hilfreichen Orientierungen" (1998, S. 476).

An den Entwicklungen „Dezentralisierung", „Entgrenzung zum Kunden" und „Entgrenzung zur gesellschaftlichen Umwelt" soll dieser Wandel der Unternehmen näher erläutert werden.

1.1. Dezentralisierung und Entgrenzung der Unternehmungen

Unternehmen können nur erfolgreich sein, wenn sie schnell auf sich ändernde Marktgeschehnisse reagieren können. Dies fordert den Einsatz von Flexibilisierungs- und Dezentralisierungsverfahren (Voß, 1998, S. 474). Unter Dezentralisierung wird die Verteilung von Entscheidungsbefugnissen innerhalb eines Unternehmens verstanden. Dies kann die Verteilung von Autoritäten auf Tochtergesellschaften, Geschäftszweige, Bereiche und / oder Abteilungen beinhalten. Um eine gemeinsame Führung und Steuerung zu ermöglichen, werden diese bspw. wieder unter einer Konzern- oder Holdingstruktur vereint (Sichler, 2006, S. 29, 30).

Die ersten Ansätze der Dezentralisierung und Flexibilisierung entstanden unter dem Leitbild der Rationalisierung bereits in den achtziger Jahren. Die in den neunziger Jahren entwickelten Konzepte, wie das „Lean Production" oder „Total Quality Management" und die sich daraus entwickelnden Veränderungen in der stark hierarchisch geprägten Arbeits- und Unternehmensform nahmen erstmals das Management in den Fokus (Wiendieck, 2008, S.14). Daraus entstanden neue und bis heute aktuelle Managementleitbilder von Produktivität und Wertschöpfung (Jäger, 1999, S. 39).

Die heute größtenteils vorherrschende Produktkomplexität und Marktunsicherheit veranlasste Unternehmungen sich in der inneren und äußeren Organisation neu aufzustellen; daraus entstanden strategische Allianzen, wie zum Beispiel Joint Ventures, wodurch eine größere Marktnähe und Reaktionsgeschwindigkeit auf Veränderungen innerhalb und außerhalb des Unternehmens erreicht werden kann (Fett & Spiering, 2015, S. 2, 3)

Als Beispiel lässt sich die Dezentralisierung an der Hays AG und der Gründung der Hays Technology Solutions GmbH beschreiben. Um den Markt im Bereich von Werk- und Serviceverträgen schneller, flexibler und fachkundiger bearbeiten zu können, wurde mit der Hays Technology Solutions GmbH eine 100prozentige Tochter gegründet (Hays, o.D.). Die grundlegende Idee waren kürzere Entscheidungswege, qualifiziertere Entscheidungen innerhalb dieses Marktsegments, die räumliche Nähe zum Kunden und schlussendlich eine gezielte Steigerung des Profits.

1.2. Entgrenzung zum Kunden

Die „Entgrenzung zum Kunden" wird auch als „arbeitender Kunde" bezeichnet und ist ein Effekt, der sich in den letzten Jahren vor allem im Dienstleistungsbereich verstärkt hat. Dabei geht es darum, dass Konsumenten (nicht immer freiwillig) Arbeiten übernehmen, die bisher von Unternehmen geleistet wurden (Voß & Rieder, 2005, S. 10). Diese bewirkt eine Erweiterung des Wertschöpfungspotenzials. Als Beispiel wären Self-Scan-Kassen in einem Supermarkt zu nennen. Der Kunde übernimmt hierbei die Aufgaben einer Kassiererin – bis hin zum Bezahlen an einem Automaten. Ein weiteres oftmals in der Literatur zu findendes Beispiel ist IKEA, wobei hier der Kunde an der Endproduktion, beim Zusammenbauen der Möbel einen entscheidenden wirtschaftlichen Beitrag leistet (Voß & Rieder, 2005, S. 14).

In diesem Zusammenhang wird „Prosumer", einem Kofferwort beschreiben, das der Zukunftsforscher Alvin Toffler beschrieben hatte: Es bezeichnet Personen, die sowohl Konsumenten als auch Produzenten des von ihnen verwendenden Produktes sind und setzt sich aus den englischen Wörtern Producer und Consumer zusammen (Bundesministerium für Wirtschaft, 2016; Toffler, 1980). In der aktuellen Literatur wird im Zusammenhang mit dem Internet und dessen wirtschaftlichen Nutzung auch von „Crowdsourcing" gesprochen, was die Erbringung von Leistungen der „Crowd" (Internet-User) im Zusammenhang mit dem „Outsourcing" verbinden soll. Auf Grund der Menge von involvierten Individuen wird deswegen hier auch oftmals das synonym „Schwarmauslagerung" verwendet (Howe, 2008, S. 8). Laut Statistischen Bundesamt stellen 40% der Internetnutzer eigene geschaffene Inhalte ins Netz. Der Gewinn am Crowdsourcing ist die Verarbeitungsgeschwindigkeit und Vielfalt der Masse, die Qualität, die Skalierbarkeit und die verringerten Kosten (Lühring, o.d.). Als eines der bekanntesten Beispiele wäre Wikipedia zu nennen, bei dieser Webseite geht es darum allgemein zugängliches Wissen aus der Masse der Nutzer zu generieren.

Die Kritik an dem Prinzip „arbeitender Kunde" ist vielfältig. Die Gewerkschaft ver.di sieht vor allem den Verlust von Arbeitsplätzen durch die Auslagerung der Unternehmensaufgaben als Problematik. Außerdem wird das Fehlen von Mindeststandards bei Arbeitsentgelt, Arbeitszeit und Arbeitsschutz als Problem dargestellt (Lühring, o.D.). Die Grenzen zwischen Arbeit und privatem Leben lösen sich langsam. Dieses erodieren bzw. die bewusste Auflösung von bekannten Grenzen zwischen Arbeits- & Privatleben bietet für alle Beteiligten neue Chancen und Risiken die zum gegebenen Zeitpunkt noch nicht im Ganzen erfasst werden können (Voß, 1998, S. 747).

1.3. Entgrenzung zur gesellschaftlichen Umwelt

Die gesamte Gesellschaft ist einem permanenten Wandel ausgesetzt. Die Veränderung von sozialen und kulturellen Strukturen hat auch einen Einfluss auf die Gestaltung der eigenen individuellen Umwelt. Dies beeinflusst auch die Erwartung, die an Unternehmen in Bezug auf gesellschaftlich verantwortliche Unternehmensführung und gesellschaftliches Engagement gestellt werden. Die „Entgrenzung der gesellschaftlichen Umwelt" fasst dieses in einem Terminus zusammen.

Dadurch das Unternehmen Erfolg und Akzeptanz nicht mehr nur alleinig durch Kapitaleinsatz erzielen können, müssen sie dies auch durch das Erfüllen von gesellschaftlichen Forderungen schaffen. Das bürgerschaftliche Engagement von Unternehmen wird oftmals unter dem Begriff „Corporate Citizenship" oder „Corporate Responsibility" zusammengefasst und beinhaltet unter anderem das

Betreiben von Unternehmensstiftungen, klassischen (Geld-) Spenden und eine nachhaltige Unternehmensführung (Fifka, 2011, S. 13, 14).

Kritiker werfen Unternehmen oftmals vor lediglich „PR-Effekte" zur Imagepflege nutzen zu wollen und nicht wirklich aus einem sozialen oder Umwelt Aspekt heraus zu handeln. Dies zeigt auch eine Studie von PwC, bei der nach „mehr Verantwortung für Nachhaltigkeit übernehmen" das zweite Motiv für Spenden „unser Unternehmensimage verbessern" als Motiv für Spenden angegeben wurde (Menke & Werner, 2012). Ein Beispiel (für eine gescheiterte Aktion) wäre der Mineralölkonzern BP, der versuchte mit der Kampagne „beyond petroleum" sein Image vom verantwortungsbewussten Unternehmen aufzubessern. Dieses von PR-Strategen „Greenwashing" genannte Marketing, soll den gesellschaftlichen Forderungen nach Umweltschutz und der Vertretung öffentlichen Interesses nachkommen (Deutschlandfunk, 2010). Welchen Kurs die „Entgrenzung zur gesellschaftlichen Umwelt", gerade in Tagen, wo Aktionen wie „Fridays for Future" von Unternehmen wie Siemens, mehr als nur Gewinnerwirtschaftung erwarten, einschlagen wird, wird sich zeigen.

2.   Entwicklungen im Non-Profit-Bereich

Non-Profit-Organisationen (NPOs) sind ebenfalls vom Wandel der Arbeitswelt betroffen. Auch wenn diese Organisationsart nicht auf die Erzielung von Gewinn ausgerichtet sind, so sind sie doch genauso vom Arbeitsweltwandel betroffen wie Wirtschaftsunternehmen (Simsa, 2018). Non-Profit-Organisationen sind ausgelegt auf die Bedarfsdeckung und Interessenvertretung ihrer Mitglieder und in Anspruch nehmenden Personen in Form von Verbänden, Stiftungen, Vereinen und gemeinnützigen Gesellschaften. NPOs nutzen marktwirtschaftliche Managementstrategien, um den Staat in der Ausführung seines sozialen Sicherungsauftrages zu unterstützen (Meier, 2006, S. 4, 5).

Als Beispiel soll hierzu die Caritas dienen. Innerhalb von Deutschland ist die Caritas als katholischer Wohlfahrtsverband organisiert und bieten Einrichtungen, wie Kitas, Pflegedienste, Beratungsstellen, Pflegeheime und Hospize an. Insgesamt arbeiten bei Caritas ca. 659.000 Angestellte, mit einem Anteil von 82.1% Frauen (Caritas, o.D.).

Durch den Mangel an Arbeitskräften in Sozial- und Gesundheitsberufen werden NPOs in den nächsten Jahren eine bedeutende Rolle übernehmen, werden aber auch selbst vor Probleme gestellt neues Personal zu rekrutieren. „Die Bevölkerung im Erwerbsalter wird infolge des demographischen Wandels nach Schätzungen um gut 6 Mio. bis zum Jahr 2030 sinken" (Arbeitsmarktprognose 2030, 2013). Diese Statistik zeigt, dass die Zahl der Arbeitnehmer sinken wird, auf der anderen Seite steigt auch die Anzahl an pflegebedürftige Personen. Weswegen auch die von NPOs betriebenen Sozial- und Gesundheitseinrichtungen stärker belastet werden.

NPOs sind zwar nicht auf Gewinnmaximierung ausgelegt, aber sie sind auf Arbeitskräfte (auch Ehrenamtliche) und Spenden angewiesen. Deshalb organisieren sich NPOs oftmals ähnlich wie wirtschaftliche Organisationen. NPOs sind oftmals bereits dezentral organisiert. Ähnlich, wie bei Unternehmen die Holdingstrukturen sind NPOs, wie die Caritas, auch in verschiedenen Verbänden und Dachorganisationen organisiert, um agil und wirtschaftlich arbeiten zu können (Caritas o.D.).

Auf Grund der Dienste und Angebote, die NPOs liefern, entsteht ähnlich, wie bei wirtschaftlichen Unternehmen, eine „Entgrenzung zum Kunden". Gerade bei NPOs sind die Organisationsgrenzen oftmals sehr schwer zu finden. Ehrenamtliche, Mitarbeiter und „Kunden" verschwimmen. So kann es sein, dass ein Leistungsbezieher bei der Caritas direkt wieder in Form eines Ehrenamtes unterstützend tätig wird.

Die Erwartungshaltung der Gesellschaft ist oftmals groß und auch sie sind nicht vor Kritik befreit. Während Unternehmen oftmals angeprangert werden, dass sie zu wenig für die gesellschaftliche Umwelt leisten, haben NPOs oftmals mit Problemen der Unwirtschaftlichkeit zu kämpfen. Somit stehen NPOs immer zwischen den Faktoren Wirtschaftlichkeit und Werten (Simsa, 2018).

A2: Veränderungen in den Rahmenbedingungen der modernen Arbeitswelt

In den letzten Jahrzehnten hat sich die Arbeitswelt gewandelt, neben dem Aussterben „alter" Berufe und Branchen sind Neue entstanden, die neue Produktionsperspektiven und Aufgabenbereiche mit sich brachten. Dieser Strukturwandel der Arbeitswelt, gerade in den Industriestaaten Europas wird unter anderem von folgenden zentralen Triebkräften wesentlich beeinflusst: Globalisierung, Digitalisierung (technologischer Wandel), demographischer Wandel und institutioneller Wandel (Eichhorst & Buhlmann, 2015). Arbeit und Privatleben werden in Zukunft weniger klar trennbar sein. Zeitarbeit, Auslagerung in Niedriglohnländer wird flexibleren Arbeitszeitmodellen und flacheren Hierarchiestrukturen gegenüberstehen. Während für einige Arbeitnehmer die neue Arbeitswelt Freiheit bedeutet ist es für die Anderen eine steigende Sorge vor Prekarisierung (Voß, 1998, S. 474).

Im Folgenden sollen die Chancen, Probleme und Risiken, die eine Veränderung in den Rahmenbedingungen der Arbeitswelt am Unternehmen Microsoft dargestellt werden.

3. Globalisierung

Globalisierung beschreibt einen Prozess bei dem weltweite unter anderem wirtschaftliche, politische und kulturelle Verflechtungen gebildet werden. Eine der Folgen ist eine Verschärfung des internationalen Wettbewerbs (Brock, 2008, S. 8). Innerhalb der Arbeitswelt beeinflusst Globalisierung die Arbeit, indem sie die Möglichkeit bietet qualifizierte Arbeitskräfte mit Hilfe günstiger Transportkosten aus anderen Ländern einzukaufen oder gar die Produktion in Länder mit dem besten Verhältnis von Produktivität und Arbeitskosten zu verlagern (Eichhorst & Buhlmann, 2015). Microsoft nutzt nicht nur den weltweiten Markt, um hochqualifizierte Fachkräfte zu rekrutieren, sondern auch als Mittel um möglichst billig über andere Hersteller die Hardware produzieren zu lassen. Außerdem ist durch die

Globalisierung der Wettbewerbsdruck und somit die Notwendigkeit technologisch innovativ zu bleiben verschärft worden.

Durch die Verlagerung der Produktion in „Billiglohnländer" setzte Microsoft in ihren westlichen Einheiten verstärkt auf die Innovation, Steuerung und die Vermarktung ihrer Produkte. Deswegen ist Microsoft in Deutschland mit einer eigenen GmbH vertreten. Microsoft setzt einerseits auf Internationalität, anderseits auf länderspezifische Anforderungen. Als Beispiel wäre die Europäische Datenschutzverordnung zu nennen. Für die auf dem Europäischen Markt agierenden Unternehmen bedeuten diese Einschränkungen und Auflagen, dass sie sich anpassen müssen, um überhaupt diesen Markt betreten zu können. Microsoft bietet auf seiner Webseite zum Beispiel Clouddienste rein aus deutschen Rechenzentren an (über Microsoft, o.D.).

4. Digitalisierung

Die Digitalisierung wird häufig zu den größten Herausforderungen der heutigen Zeit gezählt, da Technologien, wie Robotik, Big Data oder künstliche Intelligenz, auf grundlegende Art und Weise beeinflussen, wie wir gegenwärtig und zukünftig wirtschaften, arbeiten und leben werden. Die Digitalisierung und der technologische Wandel hat zu einer Neuausrichtung der Unternehmensprozesse, der gebotenen Produkte und Dienstleistung, sowie einer Veränderung von Marktlogiken und Arbeitsplätzen gesorgt (Bundesministerium für Wirtschaft, 2018; Schwahn, Mai & Braig, 2018, S. 25).

In der Vergangenheit haben technische Innovationen zum Wandel und Verschwinden von Arbeitsplätzen und Berufen geführt. In Zukunft werden Digitalisierung, Roboter und intelligente Maschinen noch weit mehr einen Einfluss in alle Lebensaspekte des Menschen haben. Für die Arbeitswelt kann dies bedeuten, dass Berufe und Tätigkeiten von künstlicher Intelligenz oder Robotern übernommen werden, anderseits entstehen durch neue Produktmöglichkeiten und weiterentwickelte Technologien Berufe und Tätigkeiten, die es aktuell noch nicht gibt oder die gerade erst entstehen. In Berufsfeldern in denen binäre Logik gefragt ist, kann der Mensch nur schwer mit der Maschine konkurrieren. Dies hat unter anderem das Schachspiel von Garri Kasparow gegen „Deep Junior" eindeutig bewiesen (Stern, 2003).

Kreativität, Empathie und die Fähigkeit des ganzheitlichen Denkens zeichnen die Arbeiter von Morgen aus, alles Eigenschaften zu denen Computer noch keinen Zugang haben. So werden Innovationen, wie das autonome Fahren in einigen Jahren Taxifahrer und Busfahrer ersetzen, aber auf der anderen Seite neue Berufe im Bereich der Entwicklung, Gestaltung und Wartung hervorbringen. Der Wandel in den Kernschnittstellen der unternehmerischen Wertschöpfung wird für Unternehmen, wie Microsoft, zu einem wichtigen Faktor. Agilität und vernetzte Organisationen werden als Schlüssel der modernen Arbeitswelt gesehen (Reimann, 2016).

Microsoft selbst sieht den modernen Arbeitsplatz als einen Maßanzug: „(…) Technologien von Microsoft versprechen ein Höchstmaß an Flexibilität durch zeit- und ortsunabhängiges Arbeiten" (2019). Der Einsatz von Cloud-Lösungen ermöglicht mobiles Arbeiten von jedem Ort und jedem Gerät aus und wird von KI (Künstlicher Intelligenz) unterstützt, um Sprachbarrieren zu überwinden. Microsoft selbst beschreibt sich als Anbieter der passenden Soft- und Hardware für die unternehmenseigene Arbeitskultur (über Microsoft, o.D.). Generell bedeutet Digitalisierung für Unternehmen, dass sie sich auf neue Berufsgruppen, neue Weiterbildungsbereiche und ein generell verändertes Arbeitsbild einlassen müssen, um erfolgreich zu bleiben.

5. Demographischer Wandel

Der demographische Wandel (Veränderung der Bevölkerungsstruktur) wurde durch Faktoren, wie stagnierende Geburtenraten, das Altern der Menschen und Fortschreiten der Medizin hervorgerufen und auch durch Zuwanderung nicht vermindert (Arbeitsmarktprognose 2030, 2013). Dieser Wandel hat Konsequenzen auf die Entwicklung von Arbeitsnachfrage, Arbeitsangebote und Arbeitsformen.

Eine Abnahme des inländischen Arbeitskräftepotenzials veranlasst Unternehmen, wie Microsoft, die auf dem Arbeitsmarkt nach Fachkräften suchen müssen, sich auf internationalen Ersatzbedarf einzustellen, wenn die geburtenstarken Jahrgänge in absehbarer Zeit das Rentenalter erreichen (Eichhorst & Buhlmann, 2015). Microsoft setzt hierbei verstärkt auf multilinguale Technologien, um Sprachbarrieren zwischen Mitarbeitern abzubauen oder zu umgehen. Hinzu kommt auch eine immer stärkere werdende Mobilisierung von Arbeitskräften. Unternehmen wie Microsoft unterstützen dies ganz gezielt, indem zukünftige Mitarbeiter, sowohl bei Wohnungssuche als auch beim generellen Einreiseprozess unterstützt werden. Außerdem baut Microsoft konsequent den Markt der Kommunikationstechnologien aus, um eine länderübergreifende Vernetzung und mobiles Arbeiten zu ermöglichen.

Der demographische Wandel betrifft sowohl die Angebotsseite, also den Arbeitnehmer als auch den Arbeitgeber. Mit der Erhöhung der Lebenserwartung und einem wachsenden Anteil an älteren Menschen nimmt auch das Interesse an technologischen Erneuerungen für diese Altersgruppe zu. Außerdem werden durch Reformen, wie die Rente mit 67, die Erwerbsquoten älterer Menschen steigen „Der sich abzeichnende Mangel an Arbeitskräften wird Unternehmen dazu veranlassen, möglichst viele ältere Arbeitnehmer im Arbeitsmarkt zu halten" (Arbeitsmarktprognose 2030, 2013). Microsoft wird dieses verstärkt nutzen müssen, um die Sicherung der Fachkräftebasis in Zukunft gewährleisten zu können. Dies bedeutet die Auseinandersetzung mit Forderungen und Förderungen von lebenslangem Lernen und eine Betrachtung der Bedürfnisse unterschiedlicher Altersgruppen von Arbeitnehmern.

6.   Institutioneller Wandel

Die zunehmende Flexibilisierung von Arbeitszeiten, Erwerbs- und Entlohnungs-
strukturen bieten verschiedene Gestaltungsmöglichkeiten für die Erwerbsarbeit.
Hinzu kommen die steigende Erwerbsintegration von Frauen, Migration und auch
älteren Arbeitnehmern, die einen institutionellen Wandel auslösen (Eichhorst &
Buhlmann, 2015). Dies hat bei Microsoft zu der Beschäftigung mit der Thematik
von der Vereinbarkeit von Familie und Karriere geführt. Auf der Webseite von
Microsoft Deutschland ist folgendes dazu zu lesen: „Dank Vertrauensarbeitszeit
und flexibler Teilzeit-Arbeitsmodelle können sich die Mitarbeiter ihre Arbeitszeit
frei einteilen und auch von zuhause aus arbeiten (2008)". Wie viele andere Unternehmen nutzt Microsoft diese Flexibilisierung der Arbeitszeit, um für qualifizierte Arbeitnehmer attraktiver zu sein, aber auch um die Unternehmensziele
durch eine höchstmögliche Auslastung zu erreichen.

Der aktuelle und zukünftige Wandel der Berufe und der gesamten Arbeitswelt
bietet Chancen, schafft aber auch Probleme und Risiken für Unternehmen. Für
Microsoft, wie auch alle anderen Unternehmen wird "(…) die eigentliche Kernauf-
gabe der Unternehmen in der Zukunft darin bestehen, die Beschäftigungsfähig-
keit ihrer Mitarbeiter auch in einem längeren Erwerbsleben zu sichern und gleich-
zeitig die Innovationsfähigkeit der Betriebe zu steigern" (Eichhorst & Buhlmann,
2015). Um die Innovationsfähigkeit zu steigern und zu fördern sind gezielte Aus-
und Weiterbildungen von Nöten. Hinzu kommt die Schaffung von Arbeitsbedin-
gungen, die produktiv und nachhaltig sind, mit dem Fokus auf die Bindungsbe-
reitschaft der Mitarbeiter an ein Unternehmen und den Erhalt der Gesundheit von
Mitarbeitern. In Zukunft müssen neue Führungs- und Steuerungsmodelle dafür
eingesetzt werden (Eichhorst & Buhlmann, 2015).

A3: Auswirkungen von Pluralisierung und Differenzierung von Erwerbsformen - Atypische und prekäre Beschäftigungsformen

Der Arbeitsmarkt wandelt sich, inklusive der Veränderung von Erwerbsformen und Flexibilitätsmustern im Bereich der gesamten Arbeitsorganisation. Ausgelöst wird dieser Prozess unter anderem durch den Konkurrenzdruck, der durch die Globalisierung auf die Unternehmen ausgeübt wird und die gesamtgesellschaftliche Veränderungen, inklusive den Abbau rechtlicher Schranken (Bornewasser, 2013, S. 44; Eichhorst & Marx, 2011). Der Begriff Pluralisierung steht im allgemeinen Kontext für eine Mehrzahl bzw. eine Aufteilung von einer Sache auf Mehrere. In Bezug auf die Gesellschaft wird „Pluralisierung" als ein Wandel von althergebrachten Lebensformen auf neue Lebensgestaltungsformen angesehen (Schneider, 2012). Unter Pluralisierung in Bezug auf Erwerbsformen wird die Erosion der Normalarbeitsverhältnisse und die dadurch entstehende atypischen Arbeitsverhältnisse verstanden (Bornewasser, 2013, S. 22).
Dies soll nachfolgend näher erläutert werden.

7. Merkmale atypischen und prekären Beschäftigungsformen

Wesentliche Aspekte der Normalarbeitsverhältnisse sind Vollzeitbeschäftigung, oder eine Teilzeittätigkeit (mit mindestens 21 Stunden Wochenarbeitszeit), unbefristete Beschäftigungsverhältnisse, das Vorliegen von sozialer Absicherung und die Identität von Arbeits- und Beschäftigungsverhältnis (Holzinger, 2001, S. 7; Statistisches Bundesamt, o.D.). Um atypische Beschäftigungsformen zu identifizieren wird das Normalarbeitsverhältnis als Maßstab herangezogen (Bornewasser, 2013, S. 22).

Atypische Beschäftigungsformen weichen in Ihren Spezifika insbesondere in folgenden Punkten von einem Normalarbeitsverhältnis ab:

18

- Arbeitszeit

- Arbeitsort

- Vertragliche Grundlage (Vertragsart) (Bornewasser, 2013, S. 22)

Bei der Abweichung der Arbeitszeit spielen unter anderem fehlende Zeitkontinuität des Arbeitseinsatzes, geringeres oder höheres Arbeitsstundenausmaß und verschobene Lage der Arbeitszeiten eine Rolle. Die Abweichung vom Arbeitsort beinhaltet zum Beispiel dislozierende Arbeitsformen (Arbeit außerhalb des beauftragendes Betriebes) und die vertragliche Grundlagen beinhalten die Trennung von Vertragspartnern und Leistungsnehmern und oftmals daraus resultierende fehlende sozialrechtliche (Ab-)Sicherungen (Holzinger, 2001, S. 7).

Atypische Beschäftigungsverhältnisse beinhalten somit alle Formen von Verträgen - unter Anderem: Verschiedene Formen von Teilzeitbeschäftigung, geringfügige Beschäftigung, befristete Beschäftigung und Zeitarbeit (Arbeitnehmerüberlassung). In den letzten zwanzig Jahren hat die Anzahl von atypischen Arbeitsverhältnissen in Deutschland stetig zugenommen. Laut dem Statistischen Jahrbuch 2019 des Statistischen Bundesamtes ist jeder fünfte Kernerwerbstätige ist im Jahr 2018 atypisch beschäftigt.

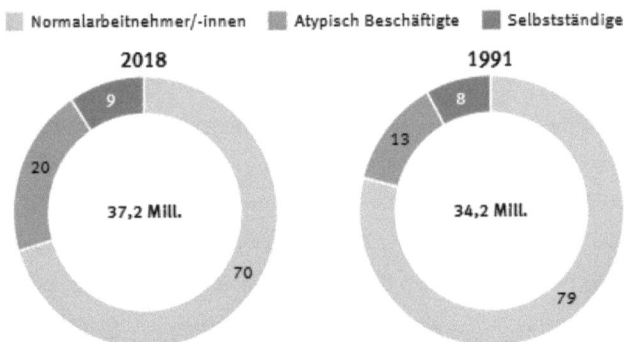

Abbildung 1: Erwerbstätigkeit nach Erwerbsform
Quelle: Statistisches Bundesamt, Statistisches Jahrbuch 2019

Im Folgenden sollen Beispiele für atypische Beschäftigungsverhältnisse dargestellt werden. Aufgrund des Umfanges werden die einzelnen Erwerbsformen nur oberflächlich porträtiert. In Abbildung 2 wird die Zunahme der atypischen Beschäftigungsformen dargestellt. Die Statistik zeigt auch den Unterscheid zwischen den Geschlechtern auf, so sind zum Beispiel überproportional viele Frauen im Bereich der Teilzeit angestellt und von den folgenden Konsequenzen betroffen.

	Insgesamt [1]	Selbstständige		Abhängig Beschäftigte						
		zusammen	darunter ohne Beschäftigte	zusammen	davon					
					Normalarbeitnehmer/-innen	atypisch Beschäftigte				
						zusammen [2]	darunter [3]			
							befristet	Teilzeit	geringfügig	Zeitarbeit
	1 000		%	1 000						
2000	33 530	3 418	49,6	29 862	23 850	6 012	2 265	3 944	1 749	.
Männer...	18 862	2 465	46,2	16 354	14 785	1 569	1 201	390	254	.
Frauen ...	14 667	952	58,6	13 507	9 065	4 442	1 063	3 554	1 495	.
2005	33 116	3 795	55,6	28 992	22 138	6 854	2 498	4 673	2 416	.
Männer...	18 159	2 641	51,7	15 463	13 615	1 848	1 327	591	448	.
Frauen ...	14 956	1 154	64,4	13 529	8 523	5 006	1 171	4 082	1 968	.
2010	35 145	3 917	55,4	31 076	23 131	7 945	2 858	4 942	2 517	743
Männer...	18 918	2 669	50,8	16 223	13 821	2 402	1 411	670	575	504
Frauen ...	16 227	1 248	65,1	14 853	9 309	5 543	1 447	4 272	1 942	238
2015 [4]	36 155	3 688	54,0	32 367	24 832	7 534	2 531	4 844	2 339	666
Männer...	19 211	2 477	49,1	16 716	14 476	2 240	1 243	699	536	455
Frauen ...	16 944	1 211	64,0	15 651	10 356	5 295	1 288	4 144	1 803	212
2016 [5]	37 051	3 653	54,4	33 296	25 641	7 655	2 655	4 807	2169	737
Männer...	19 716	2 431	49,2	17 265	14 923	2 342	1 322	709	523	499
Frauen ...	17 335	1 222	64,9	16 031	10 717	5 313	1 333	4 098	1 465	237
2017 [6]	37 159	3 590	54,1	33 475	25 757	7 718	2 550	4 788	2 177	932
Männer...	19 783	2 377	48,7	17 389	14 978	2 411	1 281	708	529	625
Frauen ...	17 377	1 213	64,9	16 086	10 779	5 307	1 269	4 080	1 648	308
2018	37 282	3 473	54,0	33 724	26 214	7 509	2 460	4 644	2 047	925
Männer...	19 813	2 300	48,3	17 496	15 130	2 366	1 252	695	516	614
Frauen ...	17 469	1 173	65,1	16 228	11 084	5 144	1 207	3 948	1 531	310

Ergebnisse des Mikrozensus. – Personen im Alter von 15 bis 64 Jahren, nicht in Bildung oder Ausbildung, ohne Wehr-/Zivil- oder Freiwilligendienstleistende. – Bis 2004 Ergebnisse einer Bezugswoche im Frühjahr, ab 2005 Jahresdurchschnittswerte sowie geänderte Erhebungs- und Hochrechnungsverfahren.

Abbildung 2: Erwerbstätige nach Erwerbsform und Geschlecht
Quelle: Statistisches Bundesamt, Statistisches Jahrbuch 2019

7.1. Teilzeitarbeit

Teilzeitbeschäftigungsverhältnisse sind alle Arbeitsverhältnisse, deren wöchentliche Arbeitszeit die Normalarbeitszeit von vergleichbaren Vollzeitbeschäftigten Arbeitnehmern unterschreitet. Statistisch gesehen sind die meisten Teilzeitarbeitskräfte Frauen, Dies liegt unter anderem darin begründet, dass die Frauen in größeren Maßen in familiäre Verpflichtungen eingebunden sind. Diese Arbeitsform bietet eine gewisse persönliche Autonomie für den Arbeitnehmer, aber auch für den Arbeitgeber. Problematisch wird Teilzeit oftmals aufgrund des geringen Einkommens und der daraus resultierenden geringeren Renteneinzahlungen (Bornewasser, 2013, S. 22).

7.2. Geringfügige Beschäftigung und Mehrfachbeschäftigung

Zu geringfügig Beschäftigten wird die Gruppe der Mini- und Midi -Jobs gezählt. Sie stellen eine Form der Teilzeitarbeit dar, sind aber weitgehend sozialversicherungsfrei (keine Beiträge für Kranken-, Arbeitslosen- oder Pflegeversicherung). Dies stellt auch den größten Nachteil dar, denn es entsteht kein Anspruch auf entsprechende Leistungen (Bundesagentur für Arbeit, 2018). Oftmals waren diese Beschäftigten nur als Aushilfen z.B. im Gastgewerbe eingesetzt. Dies ermöglicht es Arbeitgebern Personalengpässe auszugleichen.

Zu den Mehrfachbeschäftigten werden alle Personen gezählt, die zeitgleich in mehr als einem Beschäftigungsverhältnis stehen. Nach den Veröffentlichungen der Bundesagentur für Arbeit geht jeder Zwölfte Beschäftigte einer Mehrfachbeschäftigung vorrangig in Dienstleistungsberufen nach. Dabei sind 83,5% der Beschäftigten sozialversicherungspflichtig beschäftigt und üben nebenbei eine geringfügige Beschäftigung aus (Hoier, Ritz & Strahl, 2016).

Die Konstellation von mehreren Arbeitsstellen ist in aller Regel stressfördernd und zeigt die finanzielle Unsicherheit, in der sich viele Arbeitnehmer befinden. In Reinigungsberufen ist der Anteil von Mehrfachbeschäftigten doppelt so hoch, wie in allen anderen Beschäftigungsformen, vergleichsweise gering ist der Anteil im Bereich der IT und naturwissenschaftlichen Dienstleistungsberufen (Hoier, Ritz & Strahl, 2016). Angebot und Nachfrage haben auch auf den Arbeitsmarkt einen entscheidenden Einfluss. So sind atypische Beschäftigungsformen eher in Beschäftigungsverhältnissen zu finden, in denen Arbeitnehmer auf Grund der Tätigkeit durch andere Menschen oder Maschinen ersetzt werden können.

Die nachfolgende Abbildung zeigt die Verteilung der Arbeitszeit im Hauptjob und die damit verbundene Belastung durch einen geringfügig entlohnten Nebenjob. „Damit haben knapp sieben von hundert vollzeitbeschäftigten Männern bzw. gut acht von hundert vollzeitbeschäftigten Frauen einen geringfügig entlohnten Minijob als Nebenjob" (Arbeitsmarkt kompakt, 2018).

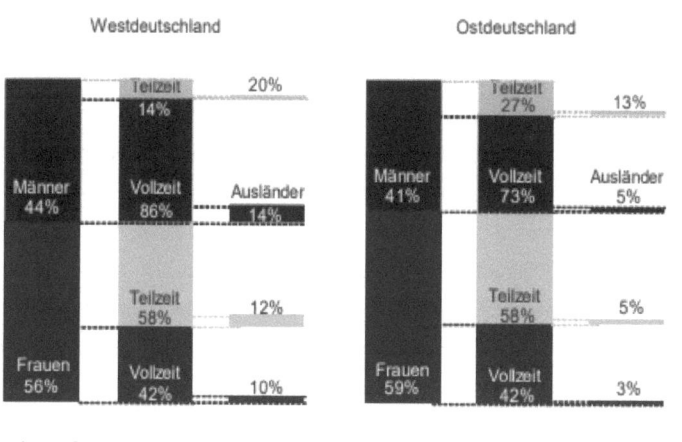

Abbildung 3: Arbeitszeit im Hauptjob
Quelle: Arbeitsmarkt kompakt, 2018

7.3. Befristete Beschäftigung

Die Arbeitskraft wird nur für einen vorher festgelegten Zeitraum beschäftigt oder es wird ein Dienstvertrag für eine spezifische Aufgabe geschlossen. Die Gründe dahinter sind vielfältig. Oftmals werden Personalengpässe (z.B. durch Elternzeit) damit ausgeglichen oder Personalüberschüsse verhindert. Das Problem stellt oftmals die Unsicherheit für den Arbeitnehmer dar. Das Statistische Bundesamt gibt an: „(…) gut ein Drittel der befristet Beschäftigten arbeitet mangels Alternativen im Zeitvertrag" (2019). Mit steigendem Alter der Arbeitnehmer steigt die Prozentangabe. Möglicherweise legen ältere Arbeitnehmer mehr Wert auf Beschäftigungssicherheit (Distatis. Statistisches Bundesamt, 2019). Dies zeigt auch die subjektive Unterscheidung der eigenen Arbeitssituation einzelner Arbeitnehmer.

8. Übergang von atypischer zu prekärer Beschäftigung

Statistisch gesehen sind es vorwiegend atypische Beschäftigungsformen, die Merkmale von Prekarität aufweisen. Es können aber auch Normalarbeitsverhältnisse prekär sein. Wichtig ist zu beachten, dass nicht alle atypischen Beschäftigungsverhältnisse per se prekär sind (Mühlberger, 2000, S. 10). Eine präzise Definition von Prekarität, bezogen auf die Arbeitssituation, kann nicht vorgelegt werden, da die exakte Einstufung auch vom subjektiven Empfinden der betroffenen Person abhängt. Die Faktoren „geringes Einkommen und daraus mangelnde soziale Absicherung" und „Arbeitsplatzunsicherheit" sind zentrale Merkmale für das Vorhandensein einer prekären Beschäftigungssituation (Brinkmann, Dörre & Röbenack, 2006).

Einige andere Merkmale von prekären atypischen Beschäftigungsverhältnissen:

- Geringes und nicht kontinuierliches Einkommen und somit mangelnde soziale Absicherung

- Unkalkulierbare Beschäftigungsdauer

- Mangelndes betriebliches Integrationsniveau und mangelndes betriebliches Mitbestimmungsrecht (ungenügende Interessenvertretung)

- Geringe Karrierechancen

- Nicht kalkulierbare Beschäftigungsstabilität

- Vermischung von Arbeitsplatz und Privatbereich

- Zeitdruck und Leistungsdruck

- Psychische Prekarität (Dörre, 2007, S. 48, Ulrich, 2005, S. 524)

Nachfolgend soll dargestellt werden, wie der Übergang zwischen einem atypischen zu einem prekären Beschäftigungsverhältnis verlaufen kann: Bei der Arbeitnehmerüberlassung ist der Arbeitnehmer von seinem Arbeitgeber an einen Dritten zur Erbringung zur Arbeitsleistung überlassen. Die Arbeitnehmerüberlassung ist inzwischen rechtlich sehr eingeschränkt, so darf der Leiharbeiter im Vergleich zum Stammpersonal keine Nachteile erfahren. Es ist aber noch immer möglich befristete Verträge abzuschließen (Bundesagentur für Arbeit, o.D.). Hinzu kommt das der Arbeitnehmer immer wieder in neuen Projekten eingesetzt werden kann und somit nie in einem Unternehmen ankommt. Auf der anderen Seite wird der Stammbelegschaft gezeigt, wie schnell sie ersetzbar ist. Die Möglichkeit langfristig soziale Kontakte zu knüpfen und sich in einem Unternehmen zu integrieren ist durch die Laufzeit des Arbeitseinsatzes eingeschränkt. Per se muss Arbeitnehmerüberlassung nicht als prekär angesehen werden. Es gibt Menschen, bei denen das Modell zu Ihrer Lebensplanung passt. Deswegen ist die Prekarität immer als etwas sehr subjektives zu betrachten.

Die Unsicherheit keine Stabilität zu haben und in Krisenzeiten zu den ersten Entlassenen zu gehören, kann als negativ eingestuft werden. Einige Mitarbeiter (in erster Linie jüngere und qualifizierte Beschäftigte) können ein prekäres Arbeitsverhältnis als Sprungbrett in ein Normalarbeitsbeschäftigungsverhältnis sehen. (Dörre, 2007, S. 48).

Innerhalb der Arbeitnehmerüberlassung ist vor allem die fehlende Weiterbildungsmöglichkeit ein Problem. Zeitarbeitsunternehmen sparen sich hierbei die Kosten. Es ist möglich, dass Individuen in der Situation stagnieren und geradezu aufgeben. Den Arbeitnehmern ist es nicht möglich Ihre Erwerbsbiografie und ihr Leben langfristig zu planen. Zwar ist ein Kündigungsschutz gegeben und auch bei der Arbeitnehmerüberlassung eine Entfristung der Verträge gesetzlich geregelt, allerdings bleibt immer eine gewisse Unsicherheit langfristig immer Projekte zu finden.

Hinzu kommt eine geforderte größere Flexibilität in Bezug auf die Mobilität. Zwar können Zeitarbeitsunternehmen nicht fordern, dass jede vorgeschlagene Stelle akzeptiert wird. Allerdings ist im Arbeitsvertrag meist festgelegt, dass alle zumutbaren Tätigkeiten auszuführen sind (Bundesagentur für Arbeit, o.D.). Damit üben Zeitarbeitsunternehmen einen gewissen Druck auf die Zeitarbeitskräfte aus.

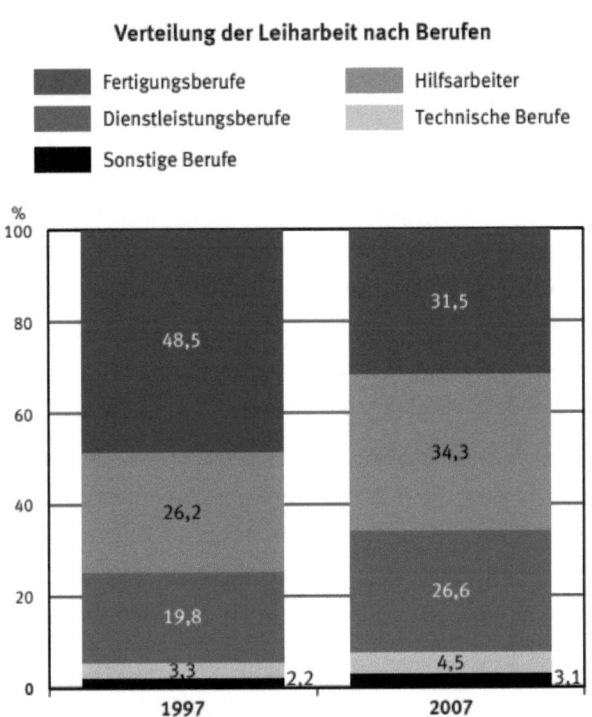

Abbildung 4: Verteilung der Leiharbeit nach Berufen
Quelle: Mai, 2008

Die Veränderung auf dem Arbeitsmarkt ist keine kurzfristige, sondern eine andauernde Entwicklung, ausgelöst durch einen Strukturwandel innerhalb der gesellschaftlichen Arbeitsteilung und sowie veränderte Kosten-Nutzen-Kalküle. Unternehmen versuchen unter anderem durch die flexiblere Gestaltung der Arbeitszeiten verstärkt Produktivitätsreserven zu nutzen und kostensparend zu agieren.

Was heute noch zu den atypischen Arbeitsverhältnissen zählt wird möglicherweise in Zukunft bereits typisch sein (Eichhorst & Tobsch, 2014). Dies fordert von Arbeitnehmern nicht nur eine größere Flexibilität, sondern auch die Bereitschaft für die eigenen Rechte einzustehen und nicht alles als gegeben zu akzeptieren.

Literaturverzeichnis

Arbeitsmarkt kompakt (2018). *Sozialversicherungspflichtig Beschäftigte mit geringfügig entlohntem Nebenjob.* Bundesagentur für Arbeit. Zugriff am 14.02.2020. Verfügbar unter https://www.arbeitsagentur.de/datei/arbeits-markt-kompakt_ba017580.pdf

Arbeitsmarktprognose 2030 (2013). *Eine strategische Vorausschau auf die Entwicklung von Angebot und Nachfrage in Deutschland.* Bundesministerium für Arbeit und Soziales. Zugriff am 01.02.2020. Verfügbar unter http://www.bmas.de/SharedDocs/Downloads/DE/PDF-Publikationen/a756-arbeitsmarktprognose-2030.pdf?__blob=publicationFile

Bornewasser, M. (2013). *Arbeitszeit - Zeitarbeit. Flexibilisierung der Arbeit als Antwort auf die Globalisierung.* Wiesbaden.

Böhnisch, L., Lenz, K. & Schröer, W. (2009). *Sozialisation und Bewältigung. Eine Einführung in die Sozialisationstheorie der zweiten Moderne.* Weinheim und München: Juventa Verlag.

Brandt, T. & Schulten, T. (2008). Auswirkungen von Privatisierung und Liberalisierung auf die Tarifpolitik in Deutschland. In Brandt, T., Schulten, T., Sterkel, G. & Wiedemuth, J. (Herg.) *Europa im Ausverkauf. Liberalisierung und Privatisierung öffentlicher Dienstleistungen und ihre Folgen für die Tarifpolitik.* (S. 68 – 91). Hamburg. VSA-Verlag.

Brock, D. (2008). *Globalisierung. Wirtschaft, Politik, Kultur, Gesellschaft.* Wiesbaden: Springer.

Brinkmann, U.; Dörre, K. & Röbenack, S. (2006). *Prekäre Arbeit. Ursachen, Ausmaß, soziale Folgen und subjektive Verarbeitungsformen unsicherer Beschäftigungsverhältnisse.* Friedrich-Ebert-Stiftung (Hg.), Bonn.

Bundesagentur für Arbeit (o.D.). *Zeitarbeit.* Zugriff am 02.02.2020. Verfügbar unter https://www. https://www.arbeitsagentur.de/zeitarbeitarbeitsagentur.de/zeitarbeit

Bundesagentur für Arbeit (2018). *Mehr Frauen finden unbefristete Voll- oder Teilezeitstellen.* Zugriff am 14.02.2020. Verfügbar unter https://www.arbeitsagentur.de/news/news-beschaftigung-2018

Bundesministerium für Wirtschaft und Energie (2016). *Was ist ein „Prosumer"?* Zugriff am 01.02.2020. Verfügbar unter https://www.bmwi-energie-wende.de/EWD/Redaktion/Newsletter/2016/06/Meldung/direkt-erklaert.html

Bundesministerium für Wirtschaft und Energie (2018). *Den digitalen Wandel gestalten.* Zugriff am 07.02.2020. Verfügbar unter https://www.bmwi.de/Redaktion/DE/Dossier/digitalisierung.html

Bundeszentrale für politische Bildung (o.D.). *Liberalisierung.* Zugriff am 27.01.2020. Verfügbar unter https://www.bpb.de/nachschlagen/lexika/das-junge-politik-lexikon/161370/liberalisierung

Caritas (o.D.). *Caritas.* Zugriff am 02.02.2020. Verfügbar unter https://www.caritas.de/diecaritas/wir-ueber-uns/wofuerwirstehen/cariwas#Wer

Deutschlandfunk (2010). *BP – beyond petroleum. Vom Image und der Wirklichkeit.* Zugriff am 07.02.2020. Verfügbar unter https://www.deutschlandfunk.de/bp-beyond-petroleum.724.de.html?dram:article_id=99855

Distatis. Statistisches Bundesamt (2019). *Pressemitteilung: Befristete Beschäftiung 2018: Laufzeit bei 56% der Zeiitverträge unter einem Jahr.* Zugriff am 15.02.2020. Verfügbar unten https://www.destatis.de/DE/Presse/Pressemitteilungen/2019/09/PD19_349_12211.html

Dörre, K. (2007). *Einfache Arbeit gleich prekäre Arbeit? Überlegungen zu einem schwierigen Thema.* In: Perspektiven der Erwerbsarbeit: Einfache Arbeit in Deutschland, Abteilung Wirtschafts- und Sozialpolitik der Friedrich-Ebert-Stiftung. Zugriff am 01.02.2020. Verfügbar unter http://library.fes.de/pdf-files/asfo/04591.pdf

Eichhorst, W. & Buhlmann, F., (2015). *Die Zukunft der Arbeit und der Wandel der Arbeitswelt.* Zugriff am 01.02.2020. Verfügbar unter http://ftp.iza.org/sp77.pdf

Eichhorst, W. & Tobsch, V. (2014). *Flexible Arbeitswelten – Bericht an die Expertenkommission „Arbeits- und Lebensperspektiven in Deutschland".* Zugriff am 02.02.2020. Verfügbar unter https://www.bertelsmann-stiftung.de/fileadmin/files/BSt/Publikationen/GrauePublikationen/GP_Flexible_Arbeitswelten.pdf

Eichhorst, W. & Marx, P. (2011). *Reforming German Labour Market Institutions. A Dual Path to Flexibility.* Journal of European Social Policy 21 (1): 73–87.

Fett, T. & Spiering C. (2015). *Handbuch Joint Venture.* Heidelberg: C. F. Müller.

Fisch, R.; Beck, D. & Müller, A. (2008). *Veränderungen in Organisationen. Stand und Perspektiven.* Wiesbaden: Springer Verlag.

Fifka M. S. (2011). *Corporate Citizenship in Deutschland und den USA. Gemeinsamkeiten und Unterschiede im gesellschaftlichen Engagement von Unternehmen und das Potential eines transatlantischen Transfers.* Wiesbaden: Springer Verlag.

Hays (o.D.). *Werkverträge.* Zugriff am 04.02.2020. Verfügbar unter https://www.hays.de/leistungsportfolio/werkvertrag

Höffe, O. (1999). *Demokratie im Zeitalter der Globalisierung.* München: C.H. Beck.

Hoier, A., Ritz, D. & Strahl, J. (2016). *Beschäftigungsstatistik Mehrfachbeschäftigung.* Bundesagentur für Arbeit. Zugriff am 29.01.2020. Verfügbar unter https://statistik.arbeitsagentur.de/Statischer-Content/Grundlagen/Methodik-Qualitaet/Methodenberichte/Beschaeftigungsstatistik/Generische-Publikationen/Methodenbericht-Mehrfachbeschaeftigung.pdf

Holzinger, E. (2001). *Atypische Beschäftigung in Österreich. Trends und Hand lungsoptionen vor dem Hintergrund internationaler Entwicklungen.* AMS Report 19. Zugriff am 29.01.2020. Verfügbar unter http://www.forschungsnetzwerk.at/downloadpub/AMSReport19.pdf

Howe, J. (2008). *Crowdsourcing. Why the power of the crowd is driving the future of Business.* Crown Business: New York.

Jäger, W. (1999). Reorganisation der Arbeit. Ein Überblick zu aktuellen Entwicklungen. Wiesbaden: Springer Link.

Lühring, M. (o.D.). *Arbeiten in der Crowd.* Zugriff am 05.02.2020. Verfügbar unter https://www.verdi.de/themen/digitalisierung/++co++177407b2-84a8-11e6-a9bc-525400b665de

Mai, C. M. (2008). *Arbeitnehmerüberlassungen – Bestand und Entwicklungen. Statistisches Bundesamt.* Zugriff am 04.02.2020. Verfügbar unter https://www.destatis.de/DE/Methoden/WIS https://www.destatis.de/DE/Methoden/WISTA-Wirtschaft-und-Statistik/2008/06/erwerbstaetigkeit-062008.pdf?__blob=publicationFileTA-Wirtschaft-und-Statistik/2008/06/erwerbstaetigkeit-062008.pdf?__blob=publicationFile

Menke, A. & Werner, M. (2012). *Corporate Citizenship – Was tun deutsche Großunternehmen?* PWC. Zugriff am 06.02.2020. Verfügbar unter https://www.pwc.de/de/nachhaltigkeit/assets/pwc_corporate_citizenship.pdf

Meier, A. (2006). Informationsmanagement für NPS´s, NGO´s et al. Strategie, Organisation und Realisierung. Berlin: Springer-Verlag.

Microsoft (2019). *Wie Microsoft die Zukunft des Arbeitens nach München-Schwabing geholt hat.* Abgerufen am 02.02.2020. Verfügbar unter https://cloudblogs.microsoft.com/industry-blog/de-de/uncategorized/2019/04/15/wie-microsoft-die-zukunft-des-arbeitens-nach-muenchen-schwabing-geholt-hat/

Microsoft (2008). *Frauen und Karriere bei Microsoft Deutschland.* Abgerufen am 02.02.2020. Verfügbar unter https://news.microsoft.com/de-de/videos/frauen-und-karriere-bei-microsoft-deutschland/

Mühlberger, U. (2000). *Neue Formen der Beschäftigung. Arbeitsflexibilisierung durch atypische Beschäftigung in Österreich.* Wien: Braunmüller Verlag.

Reimann, C. (2016). *Organisationen im Wandel: Eine Denkschrift für die Konstrukteure einer neuen Arbeitswelt.* Zugriff am 04.02.2020. Verfügbar unter: https://news.microsoft.com/de-de/features/organisationen-im-wandel-eine-denkschrift-fuer-die-konstrukteure-einer-neuen-arbeitswelt/

Schneider N. F. (2012). Pluralisierung der Lebensformen: Mehr Vielfalt und kleinere Haushalte. Zugriff am 06.02.2020. Verfügbar unter https://www.bpb.de/politik/grundfragen/deutscheverhaeltnisse-eine-sozialkunde/138033/pluralisierung-der-lebensformen

Schwahn, F., Mai, C. & Braig, M. (2018). *Arbeitsmarkt im Wandel – Wirtschaftsstrukturen, Erwerbsformen und Digitalisierung.* Statistisches Bundesamt (Destatis), Wiesbaden

Sichler, R. (2006). *Autonomie in der Arbeitswelt.* Göttingen: Hubert & Co.

Simsa, R. (2018). *Führung in Nonprofit-Organisationen – zwischen Wirtschaft und Werten.* Zugriff am 07.02.2020. Verfügbar unter https://www.forum-wirtschaftsethik.de/fuehrung-in-nonprofit-organisationen-zwischen-wirtschaft-und-werten/

Statistisches Bundesamt (o.D.). *Normalarbeitsverhältnis.* Zugriff am 04.02.2020 Verfügbar unter https://www.destatis.de/DE/Themen/Arbeit/Arbeitsmarkt/Erwerbstaetigkeit/Methoden/Erlaeuterungen/erlaeuterungen-normalarbeitsverhaeltnis.html

Statistisches Bundesamt (o.D.). *Globalisierungsindikatoren.* Zugriff am 29.01.2020. Verfügbar unter https://www.destatis.de/DE/Themen/Wirtschaft/Globalisierungsindikatoren/globalisierung-uebersicht.html

Statistisches Bundesamt (2019). *Statistisches Jahrbuch 2019.* Zugriff am 29.01.2020. Verfügbar unter https://www.destatis.de/DE/Themen/Querschnitt/Jahrbuch/jb-arbeitsmarkt.pdf?__blob=publicationFile

Statistisches Bundesamt o.D.). *40 % der Internetnutzer stellen selbst geschaffene Inhalte ins Netz.* Zugriff am 29.01.2020. Verfügbar unter https://www.destatis.de/Europa/DE/Thema/Wissenschaft-Technologie-digitaleGesellschaft/selbst-geschaffene-inhalte.html

stern (2003). *Computerschach – Kasparow nur remis gegen Deep Junior.* Zugriff am 02.02.2020. Verfügbar unter https://www.stern.de/digital/compu-ter/computerschach-kasparow-nur-remis-gegen-deep-junior-3342594.html

Toffler, A. (1980). *The Third Wave*. William Morrow. New York.

Ulrich, E. (2005): *Arbeitspsychologie: Gesundheitliche Auswirkungen prekärer Beschäftigungsverhältnisse*. Schäffer Poeschl Verlag.

Über Microsoft (o.D.). Zugriff am 02.02.2020. Verfügbar unter https://www.microsoft.com/de-de/about/company

Voß, G. G. & Rieder, K. (2005). *Der arbeitende Kunde. Wenn Konsumenten zu unbezahlten Mitarbeitern werden.* Frankfurt: Campus Verlag.

Voß, G. G. (1998). Die *Entgrenzung von Arbeit und Arbeitskraft. Eine subjektorientierte Interpretation des Wandels der Arbeit.* Mitteilungen aus der Arbeitsmarkt- und Berufsforschung, 31 (3): 473–487.

Voß, G. G. & Weiss, C. (2013). *Burnout und Depression – Leiterkran-kungen des subjektivierten Kapitalismus oder: Woran leidet der Arbeits-kraftunternehmer?* In Neckel, Sighard & Wagner, Greta (Hrsg.), Leistung und Erschöpfung: Burnout in der Wettbewerbsgesellschaft. Berling: Suhr-kamp Verlag.

Wiendieck, G. (2008). Organisationen im Wandel: ein Rückblick. In Fisch, R.; Müller, A. & Beck, D. (Hrsg.), *Veränderungen in Organisationen Stand und Perspektiven) S.13 - 38. Wiesbaden: VS Verlag für Sozialwissenschaften.*

BEI GRIN MACHT SICH IHR WISSEN BEZAHLT

- Wir veröffentlichen Ihre Hausarbeit,
  Bachelor- und Masterarbeit

- Ihr eigenes eBook und Buch -
  weltweit in allen wichtigen Shops

- Verdienen Sie an jedem Verkauf

Jetzt bei www.GRIN.com hochladen
und kostenlos publizieren